Impressum
Verlag: BABADADA GmbH, Nedderfeld 112 , 22529 Hamburg
Geschäftsführer / Verlagsleitung: Harald Hof
Druck: Books on Demand GmbH, In de Tarpen 42, 22848 Norderstedt

Imprint
Publisher: BABADADA GmbH, Nedderfeld 112 , 22529 Hamburg, Germany
Managing Director / Publishing direction: Harald Hof
Print: Books on Demand GmbH, In de Tarpen 42, 22848 Norderstedt

sekoly

el colegio

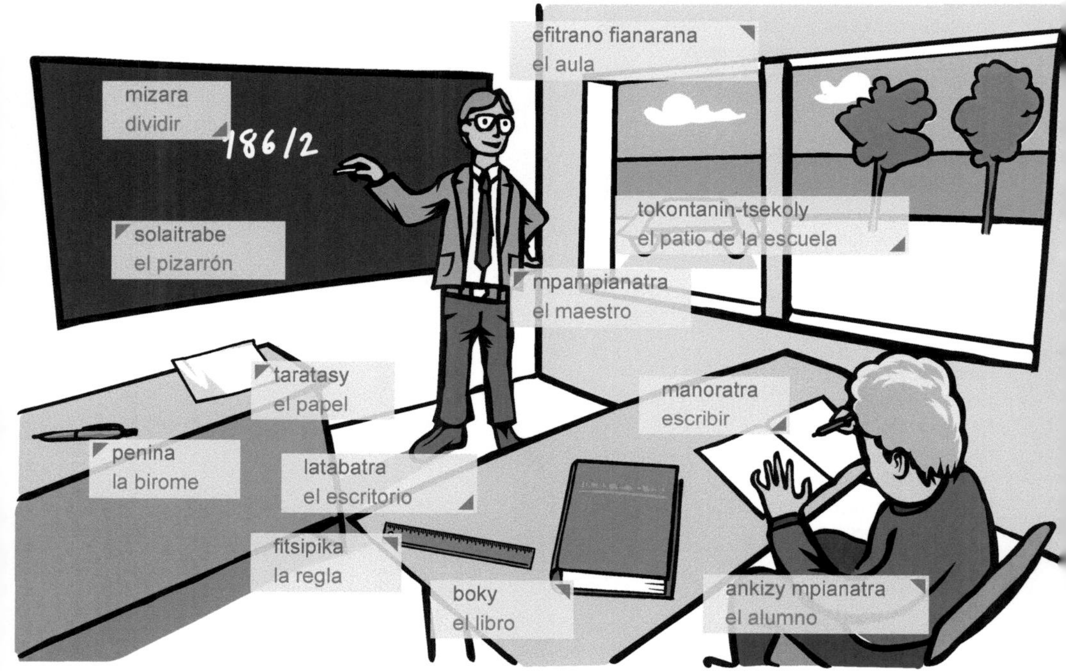

efitrano fianarana
el aula
mizara
dividir
186/2
solaitrabe
el pizarrón
tokontanin-tsekoly
el patio de la escuela
mpampianatra
el maestro
taratasy
el papel
manoratra
escribir
penina
la birome
latabatra
el escritorio
fitsipika
la regla
boky
el libro
ankizy mpianatra
el alumno

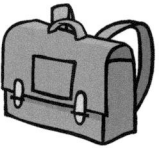

kitapo

la mochila

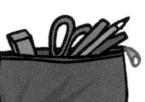

torosy

la caja de lápices

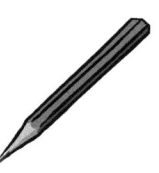

pensilihazo

el lápiz

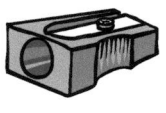

fandrangitana pensilihazo

el sacapuntas

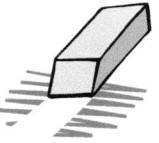

gaoma

la goma (de borrar)

karne fanaovana sary

el bloc de dibujo

sary

el dibujo

borosy fandokoana

el pincel

boaty loko

la caja de pinturas

hety

la tijera

lakaoly

el pegamento

kahie fampiasàna

el cuaderno de ejercicios

enti-mody

la tarea

tarehi-marika

el número

manampy

sumar

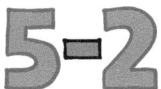

manala

restar

mampitombo

multiplicar

mikajy

calcular

taratasy

la letra

abidia

el abecedario

teny

la palabra

lahatsoratra

el texto

mamaky

leer

tsaoka

la tiza

lesona

la lección

boky fianarana

el cuaderno de clase

fanadinana

el examen

sertifikà

el certificado

fanamian'ny mpianatra

el uniforme escolar

fiofanana

la educación

raki-pahalalana

la enciclopedia

oniversite

la universidad

mikraoskaopy

el microscopio

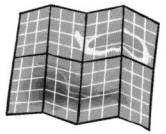

sarintany

el mapa

fanariana fako taratasy

el tacho (de basura)

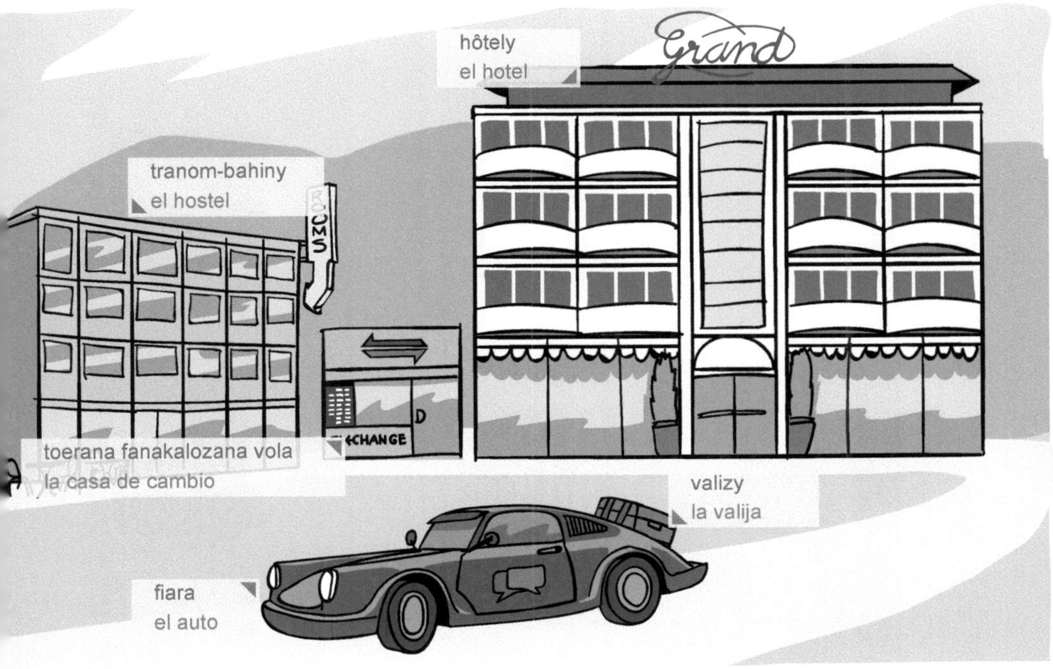

hôtely
el hotel
Grand
tranom-bahiny
el hostel
ROOMS
toerana fanakalozana vola
la casa de cambio
EXCHANGE
valizy
la valija
fiara
el auto

fiteny
el idioma

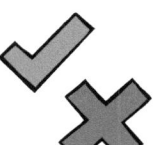

eny / tsia
sí / no

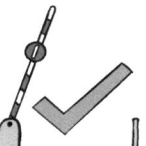

Eny àry
Está bien

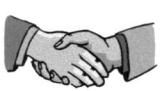

salama
hola

mpandika teny
el traductor

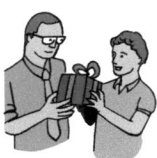

Misaotra
Gracias

ohatrinona...?

¿cuánto cuesta...?

Tsy azoko izany

No entiendo

olana

el problema

Salama ô!

¡Buenas tardes!

Arahaba tra-maraina e!

¡Buenos días!

Tsara mandry ô!

¡Buenas noches!

veloma

el adiós

fitantanana

la dirección

entan'ny mpandeha

el equipaje

harona

el bolso

kitapo

la mochila

vahiny

el invitado

efitrano

la habitación

fandriana enti-tànana

la bolsa de dormir

tanty

la carpa

birao miandraikitra ny fizahantany
la información turística

moron-tsiraka
la playa

fahana amin'ny karatra
la tarjeta de crédito

sakafo maraina
el desayuno

sakafo atoandro
el almuerzo

sakafo hariva
la cena

tapakila
el pasaje

ascenseur
el ascensor

hajia
el sello

tany manasaraka
la frontera

fadin-tseranana
la aduana

ambasady
la embajada

visa
la visa

pasipaoro
el pasaporte

fitaterana

el transporte

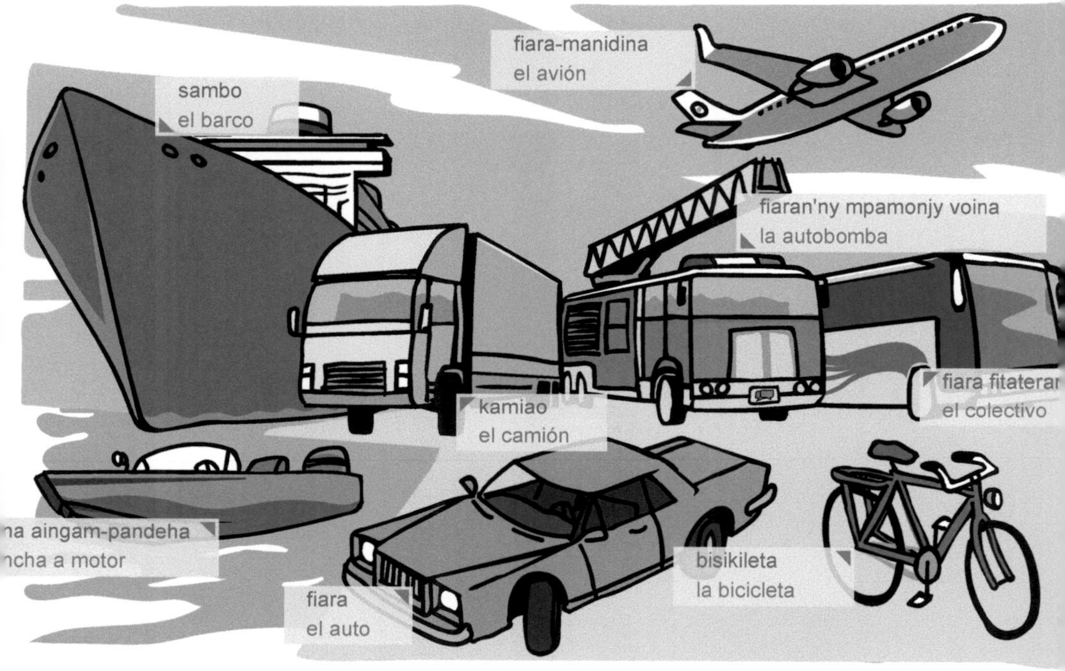

fiara-manidina
el avión
sambo
el barco
fiaran'ny mpamonjy voina
la autobomba
fiara fitatera
el colectivo
kamiao
el camión
a aingam-pandeha
cha a motor
bisikileta
la bicicleta
fiara
el auto

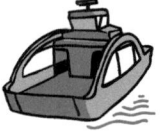

sambobe

el ferry

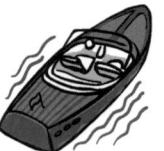

sambo

el bote

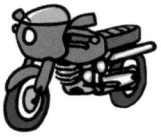

môtô

la moto

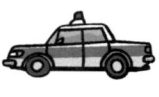

fiaran'ny polisy

el patrullero

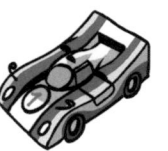

fiara mpihazakazaka

el auto de carreras

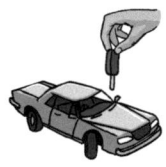

fiara fanofa

el auto de alquiler

zara fiara

el alquiler de autos

fiara etsy babeko

la grúa

fiara mpitatitra fako

el camión de la basura

môtera

el motor

solika

la nafta

tobin-tsolika

la estación de servicio

tondro fifamoivoizana

la señal de tránsito

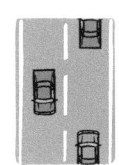

fifamoivoizana

el tránsito

fitohanan'ny fifamoivoizana

el embotellamiento

fitobian'ny fiara

el estacionamiento

fiantsonan'ny fiaran-
dalamby

la estación de tren

lalamby

las vías

fiaran-dalamby

el tren

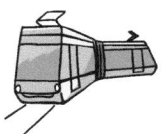

tramway

el tranvía

kalesy

el vagón

angidimby
el helicóptero

seranam-piaramanidina
el aeropuerto

tilikambo
la torre

mpandeha
el pasajero

kaontenera
el contenedor

baoritra
la caja de cartón

chariot
la carretilla

harona
la canasta

miainga / midina
despegar / aterrizar

renivohitra
la ciudad

ambanivohitra
el pueblo

afovoan-tanàna
el centro de la ciudad

trano
la casa

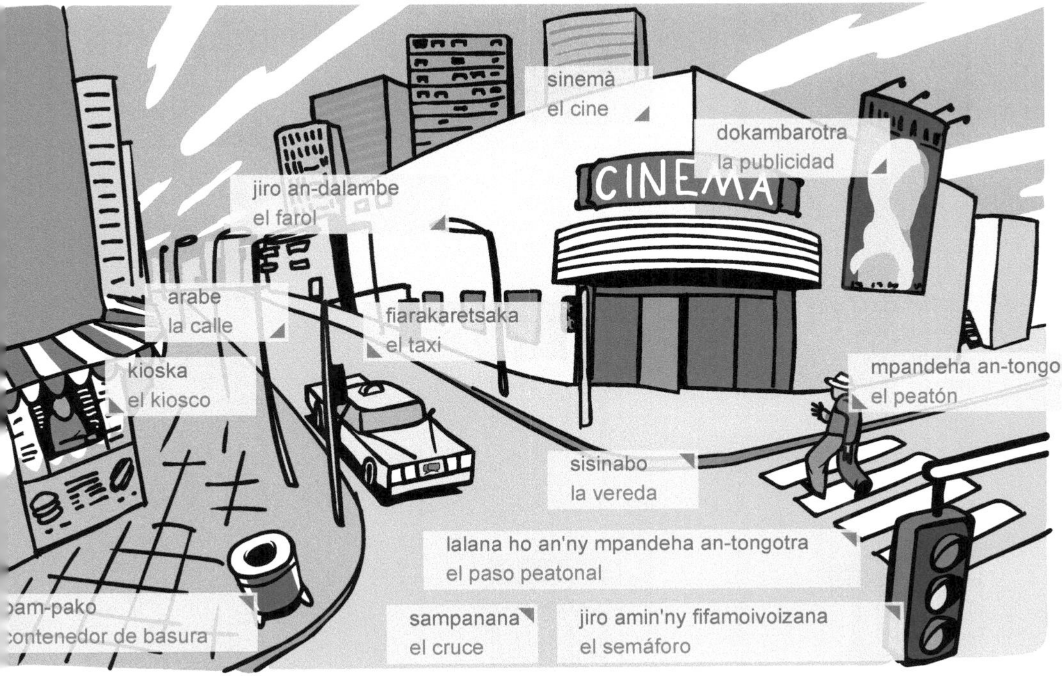

sinemà
el cine
dokambarotra
la publicidad
CINEMA
jiro an-dalambe
el farol
arabe
la calle
fiarakaretsaka
el taxi
kioska
el kiosco
mpandeha an-tongo
el peatón
sisinabo
la vereda
lalana ho an'ny mpandeha an-tongotra
el paso peatonal
am-pako
contenedor de basura
sampanana
el cruce
jiro amin'ny fifamoivoizana
el semáforo

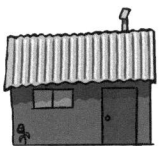

trano bongo

la cabaña

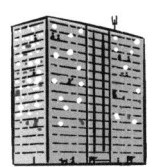

tranobe

el departamento

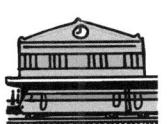

fiantsonan'ny fiaran-dalamby

la estación de tren

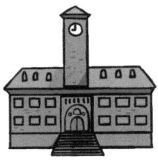

firaisana

la municipalidad

MUSEUM

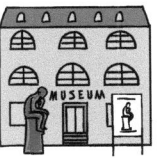

donia

el museo

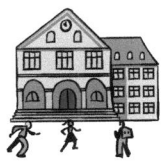

sekoly

el colegio

oniverite

la universidad

banky

el banco

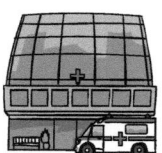

hopitaly

el hospital

hôtely

el hotel

farmasia

la farmacia

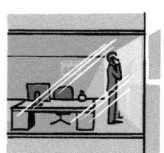

birao

la oficina

fivarotam-boky

la librería

fivarotana

el negocio

mpivarotra voninkazo

la florería

supermarché

el supermercado

tsena

el mercado

tranobe fivarotana

las grandes tiendas

mpivarotra trondro

la pescadería

toeram-pivarotana lehibe

el centro comercial

seranana

el puerto

valan-javaboary

el parque

latabatra

el banco

tetezana

el puente

totohatra

las escaleras

metrô

el subte

tonelina

el túnel

fiantsonan'ny fiara
mpitondra olona

la parada del colectivo

bara

el bar

toeram-pisakafoanana

el restaurante

boatin-taratasy paositra

el buzón

famantarana an-arabe

el letrero

parcmètre

el parquímetro

valan-javaboary

el zoológico

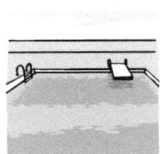

dobo filomanosana

la pileta

moskea

la mezquita

toeram-pambolena

la granja

loto

la contaminación

fasana

el cementerio

trano fiangonana

la iglesia

tokontany filalaovana

los juegos infantiles

tempoly

el templo

endritany
el paisaje

ravina
la hoja

tondro famantarana
el poste indicador

làlana
el camino

kijana
la pradera

vato
la piedra

mpihani-bohitra
el excursionista

hazo
el árbol

renirano
el río

bozaka
la hierba

voninkazo
la flor

14

lemaka

el valle

vohitra

la montaña

laka

el lago

ala

el bosque

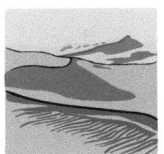

tany hay

el desierto

volkano

el volcán

rova

el castillo

avana

el arco iris

holatra

el champiñón

hazom-boanio

la palmera

moka

el mosquito

lalitra

la mosca

vitsika

la hormiga

tantely

la abeja

hala

la araña

voangory

el escarabajo

sahona

la rana

vontsira

la ardilla

trandraka

el erizo

bitro

la liebre

vorondolo

la lechuza

vorona

el pájaro

gisabe

el cisne

lambo

el jabalí

cerf

el ciervo

voalavo

el alce

toha-drano

la presa

helisy ahodin-drivotra

el aerogenerador

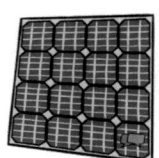

takela-masoandro

el panel solar

toetr'andro

el clima

mpandroso sakafo
el mozo

menu
el menú

seza
la silla

lasopy
la sopa

pizza
la pizza

fitaovam-pihinanana
los cubiertos

lamban-databatra
el mantel

entrée

la entrada

sakafo fototra

el plato principal

desera

el postre

zava-pisotro

las bebidas

sakafo

la comida

tavoahangy

la botella

fast food

la comida rápida

sakafo an-dalambe

la comida callejera

fitoerana dite

la tetera

fitoeran-tsiramamy

la azucarera

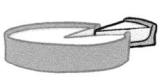

singany

la porción

milina espresso

la cafetera expreso

seza avo

la sillita alta

faktiora

la cuenta

lovia fandrosoana sakafo

la bandeja

antsy

el cuchillo

sotrorovitra

el tenedor

sotro

la cuchara

sotrokely

la cucharita

servieta

la servilleta

vera

el vaso

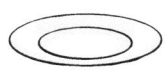

vilia

el plato

vilian-dasopy

el plato hondo

vilia bory

el plato

saosy

la salsa

fitoeran-tsira

el salero

milina dipoavatra

el molinillo de pimienta

vinaingitra

el vinagre

solika

el aceite

zava-manitra

las especias

ketchup

el kétchup

voan-tsinapy

la mostaza

maionezy

la mayonesa

supermarché
el supermercado

fihenam-bidy
la oferta especial
FOR
mpividy
el cliente
sakafo avy amin'ny ronono
los lácteos
voankazo
la fruta
chariot
el changuito

BUTCHERS

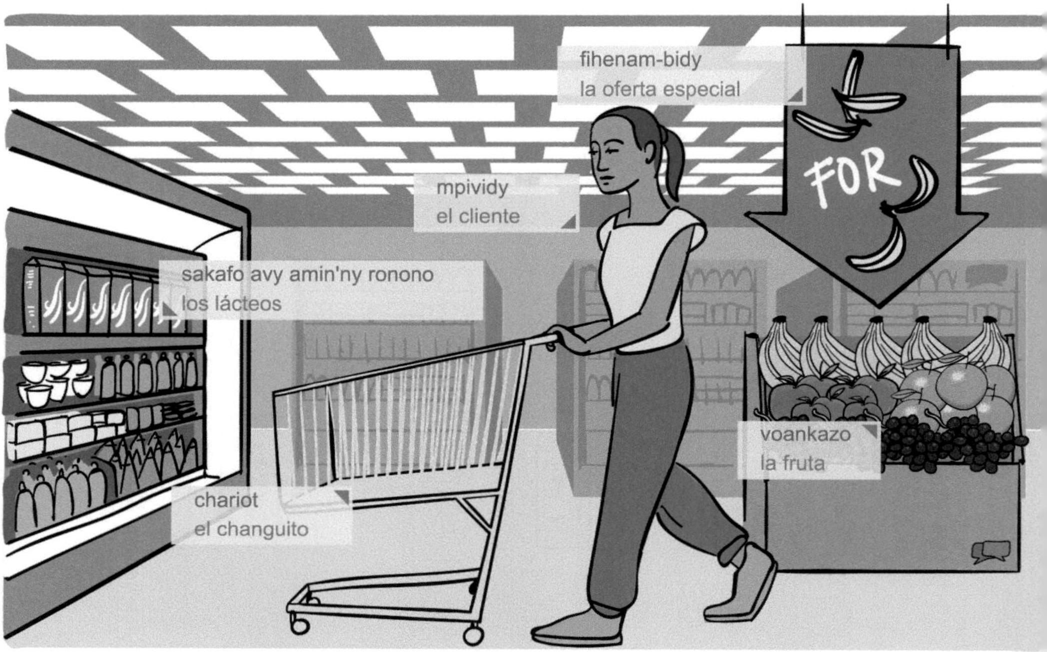

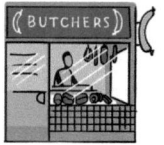

mpivaro-kena

la carnicería

BAKERY

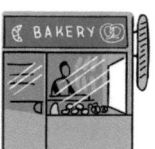

mpivarotra mofo

la panadería

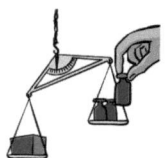

mandanja

pesar

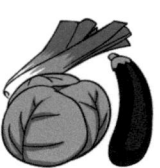

legioma

las verduras

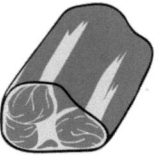

hena

la carne

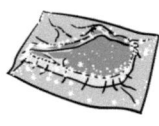

sakafo nampangatsiahana

los alimentos congelados

hena voahendy

los fiambres

sakafo am-by fotsy

los alimentos enlatados

vovon-tsavony

el detergente en polvo

vatomamy

las golosinas

fitaovana an-tokatrano

los electrodomésticos

fitaovana fanadiovana

los productos de limpieza

mpivarotra

la vendedora

toerana fandoavam-bola

la caja

mpandray vola

el cajero

lisitry ny zavatra vidiana

la lista de compras

ora fiasana

el horario de atención

portefeuille

la billetera

fahana amin'ny karatra

la tarjeta de crédito

harona

la cartera

harona plastika

la bolsa de plástico

rano

el agua

ranom-boankazo

el jugo

ronono

la leche

coca

la bebida cola

divay

el vino

labiera

la cerveza

toaka

el alcohol

sôkôlà mafana

el cacao

dite

el té

kafe

el café

espresso

el café expreso

cappuccino

el cappuccino

akondro

la banana

paoma

la manzana

laoranjy

la naranja

voatango

el melón

voasarimakirana

el limón

karaoty

la zanahoria

tongolo gasy

el ajo

volobe

el bambú

tongolo

la cebolla

holatra

el champiñón

voamaina

las nueces

paty

los fideos

spaghetti

los tallarines

vary

el arroz

salady

la ensalada

ovy frity

las papas fritas

ovy voaendy

las papas fritas

pizza

la pizza

hamburger

la hamburguesa

sandwich

el sándwich

didin-kena

el churrasco

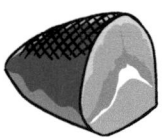

lambo sira

el jamón

salami

el salame

saosisy

la salchicha

akoho

el pollo

hena mendy

el asado

trondro

el pescado

varin-tsoavaly

los copos de avena

muesli

el muesli

cornflakes

los copos de maíz

lafarinina

la harina

croissant

la medialuna

mofodipaina kely

el pancito

mofo

el pan

mofo natono

la tostada

bisky

las galletitas

dobera

la manteca

fromazy fotsy

la cuajada

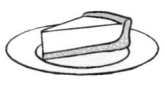

mofomamy

la torta

atody

el huevo

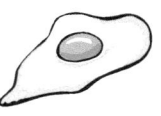

atody nendasina

el huevo frito

fromazy

el queso

lagilasy

el helado

siramamy

el azúcar

tantely

la miel

kaonfitira

la mermelada

crème nougat

la pasta de chocolate

curry

el curry

toeram-pambolena
la granja

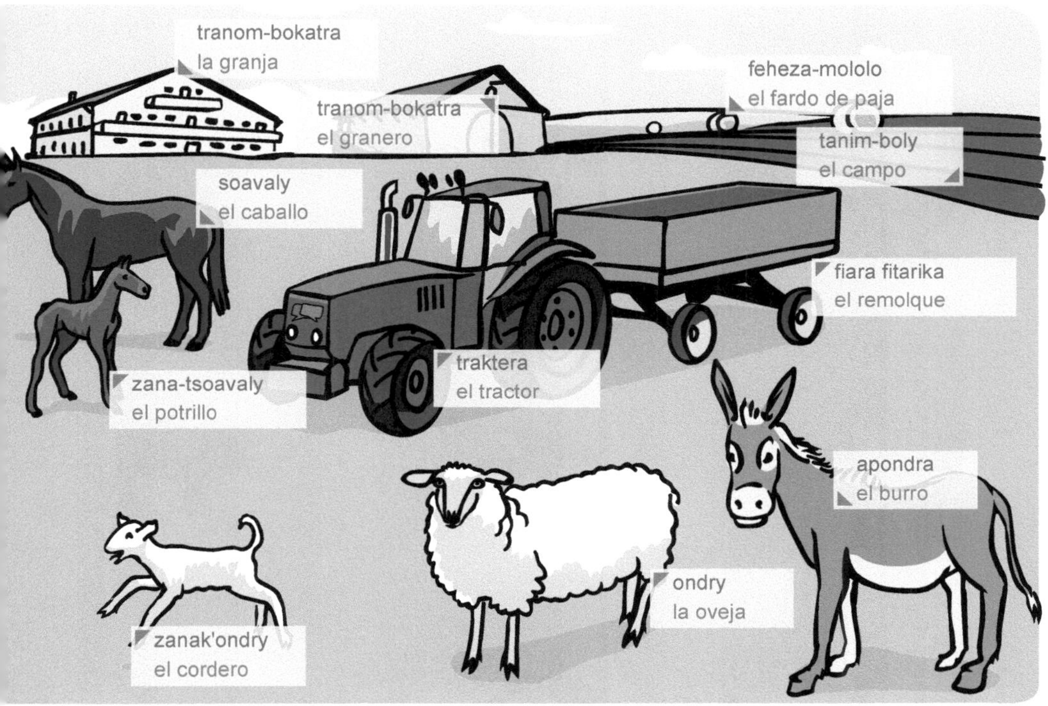
tranom-bokatra
la granja
tranom-bokatra
el granero
feheza-mololo
el fardo de paja
tanim-boly
el campo
soavaly
el caballo
fiara fitarika
el remolque
traktera
el tractor
zana-tsoavaly
el potrillo
apondra
el burro
ondry
la oveja
zanak'ondry
el cordero

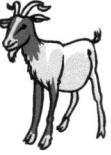

osy

la cabra

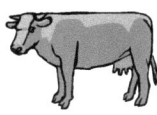

omby vavy

la vaca

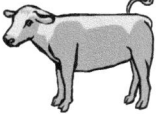

omby

el ternero

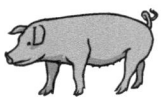

kisoa

el cerdo

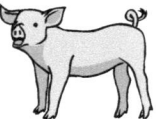

zana-kisoa

el lechón

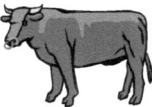

omby

el toro

gisa

el ganso

gana

el pato

zanak'akoho

el pollo

akoho vavy

la gallina

akoho lahy

el gallo

voalavo

la rata

saka

el gato

voalavo tondro

el ratón

omby

el buey

alika

el perro

tranon'alika

la cucha

fantsona fanondrahana rano

la manguera

fanondrahana

la regadera

antsy biloka

la guadaña

angadin'omby

el arado

antsim-bilona

la hoz

antsetra

la azada

farango vy

la horquilla

famaky

el hacha

borety

la carretilla

dababe

el abrevadero

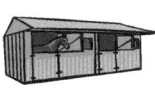

boatin-dronono

la lechera

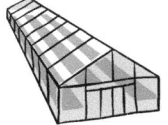

harona

la bolsa

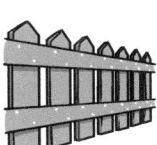

fefy

la reja

tranom-biby

el establo

talatalan-jaridaina

el invernadero

tany

el suelo

ambeoka

la semilla

zezika

el fertilizador

milina mpijinja vokatra

la cosechadora

vokatra

cosechar

vokatra

la cosecha

saonjo

las batatas

varimbazaha

el trigo

saozaha

la soja

ovy

la papa

katsaka

el maíz

colza

la semilla de colza

hazo fihinam-boa

el árbol frutal

mangahazo

la mandioca

voamadinika

los cereales

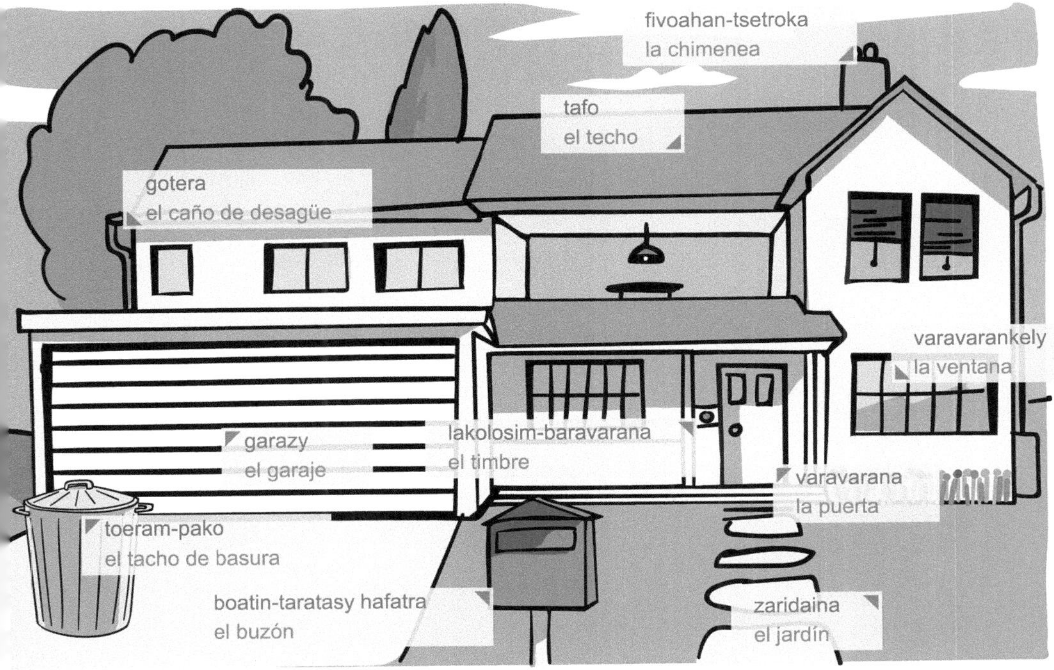

fivoahan-tsetroka
la chimenea

tafo
el techo

gotera
el caño de desagüe

varavarankely
la ventana

garazy
el garaje

lakolosim-baravarana
el timbre

varavarana
la puerta

toeram-pako
el tacho de basura

boatin-taratasy hafatra
el buzón

zaridaina
el jardín

efitra fandraisam-bahiny

el living

efitra fandroana

el baño

lakozia

la cocina

efitra fatoriana

el dormitorio

efitranon'ny ankizy

el cuarto de los chicos

efi-trano fisakafoanana

el comedor

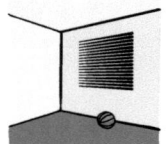

tany

el piso

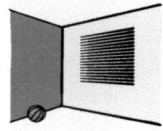

rindrina

la pared

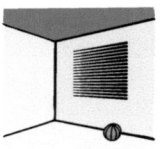

valindrihana

el cielorraso

lakavy

el sótano

sauna

el sauna

tsimahalavo

el balcón

lavarangana

la terraza

dobo filomanosana

la pileta

mpanapaka bozaka

la cortadora de pasto

lambam-pandriana

la sábana

koety

el acolchado

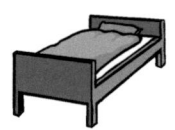

fandriana

la cama

kifafa

la escoba

sô

el balde

interrupteur

el interruptor

efitra fandraisam-bahiny

el living

sary apetaka
el empapelado
sary
la imagen
lampy
la lámpara
talantalana
el estante
lalimoara
el armario
fahitalavitra
la televisión
anjorinafo
la chimenea
voninkazo
la flor
lafika
el almohadón
sofà
el sofá
vazy
el florero
telekaomandy
el control remoto

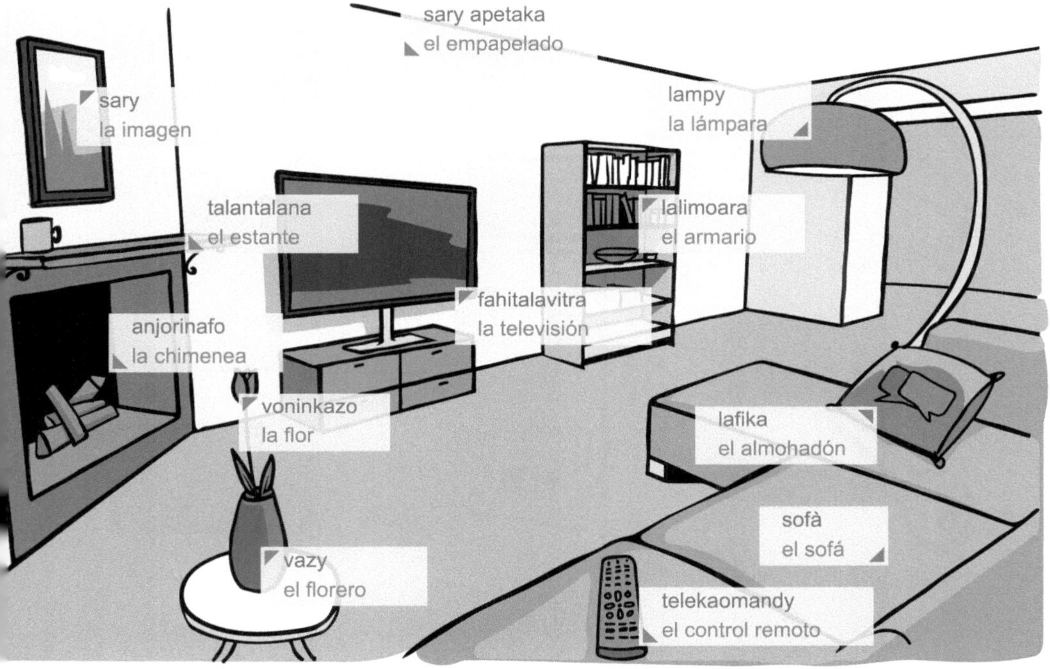

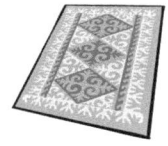

tapis

la alfombra

takom-baravarana

la cortina

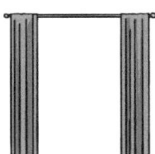

latabatra

la mesa

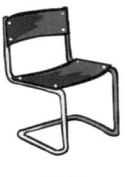

seza

la silla

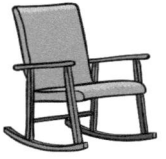

seza savily

la mecedora

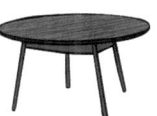

seza mihaja

el sillón

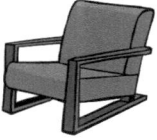

boky

el libro

lamba firakotra

la frazada

asa fandravahana

la decoración

hazo fandrehitra

la leña

horonantsary

la película

fitaovana hi-fi

el equipo de música

fanalahidy

la llave

gazety

el diario

loko

la pintura

sary famantarana

el póster

radio

la radio

kahie fanao tadidy

el cuaderno

aspiratera

la aspiradora

raketa

el cactus

labozia

la vela

lakozia
la cocina

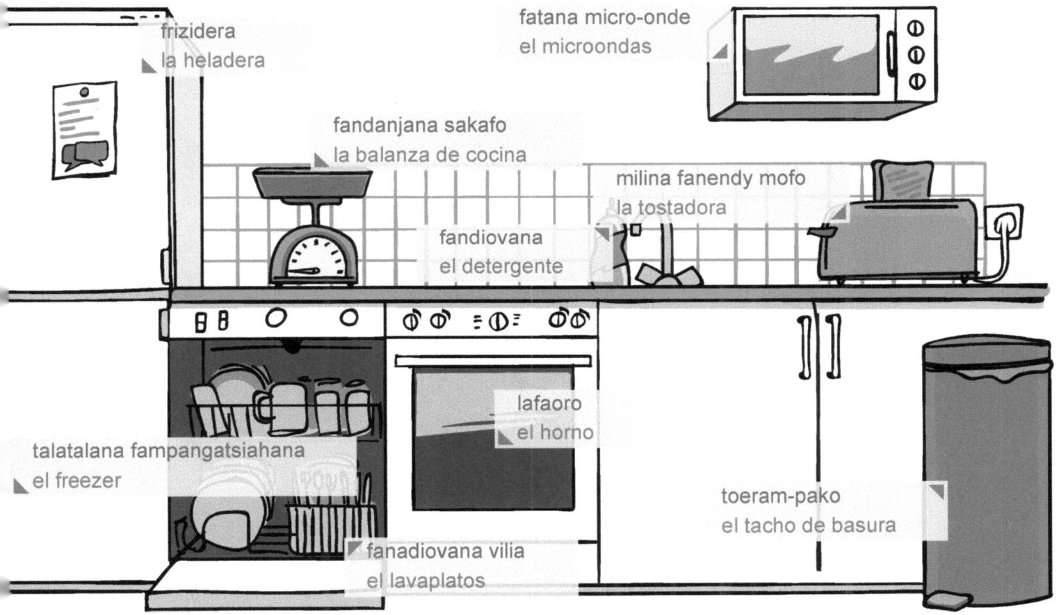
frizidera
la heladera
fatana micro-onde
el microondas
fandanjana sakafo
la balanza de cocina
milina fanendy mofo
la tostadora
fandiovana
el detergente
lafaoro
el horno
talatalana fampangatsiahana
el freezer
toeram-pako
el tacho de basura
fanadiovana vilia
el lavaplatos

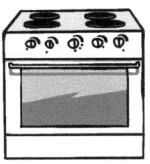

lafaoro

la cocina

vilany

la olla

vilany vy

la olla de hierro fundido

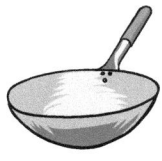

wok / kadai

el wok

lapoaly

la sartén

fitaovana fampangotrahana rano

la pava

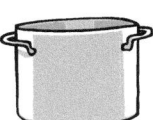

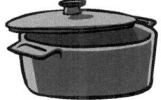

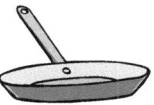

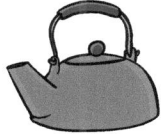

vilany mandeha entona

la vaporera

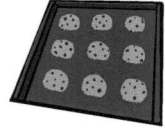

lovia fisaka

la bandeja de horno

fitaovan-dakozia

la vajilla

zinga

la taza

vilia baolina

el bol

hazokely fihinanana

los palitos

sotrobe lavatango

el cucharón

spatule

la espátula

fanakapohana atody

la batidora

fanatantavanana

el colador

lovia sivana

el colador

fanakikisana

el rallador

laona

el mortero

kiendiendy

la parrilla

fivoahan'ny setroka

la fogata

akalana fitetehana

la tabla de picar

kodia fandamàna koba

el palo de amasar

fisontonana bosoa

el sacacorchos

boaty

la lata

fanokafana boaty

el abrelatas

fitazomana vilany

la manopla

lavabô

la pileta

borosy

el cepillo

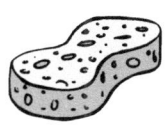

spaonjy

la esponja

miksera

la batidora

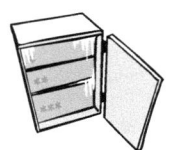

fitaovana fampangatsiahana

el congelador

tavoahanginono

la mamadera

paompy

la canilla

lakozia - la cocina

efitra fandroana
el baño

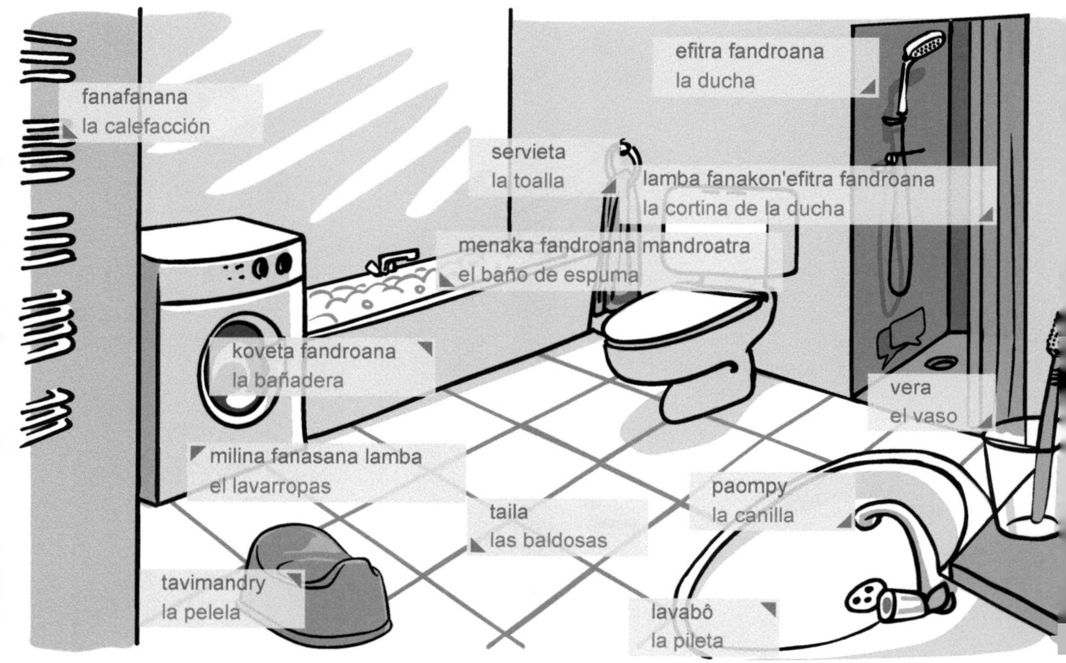

efitra fandroana
la ducha
fanafanana
la calefacción
servieta
la toalla
lamba fanakon'efitra fandroana
la cortina de la ducha
menaka fandroana mandroatra
el baño de espuma
koveta fandroana
la bañadera
vera
el vaso
milina fanasana lamba
el lavarropas
paompy
la canilla
taila
las baldosas
tavimandry
la pelela
lavabô
la pileta

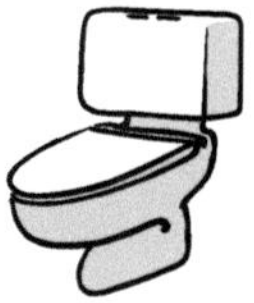

efitrano fidiovana

el inodoro

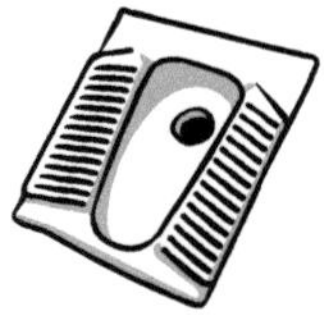

kabone mitsingo

la letrina

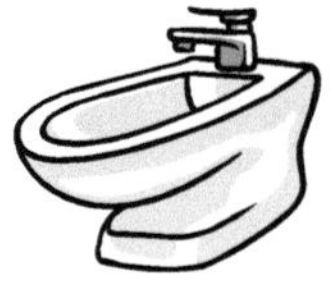

bidet

el bidé

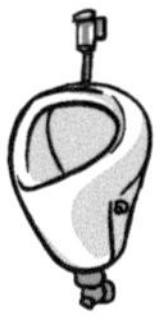

fipipizana

el mingitorio

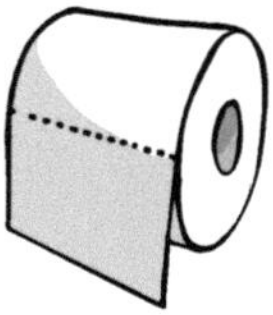

taratasy fidiovana

el papel higiénico

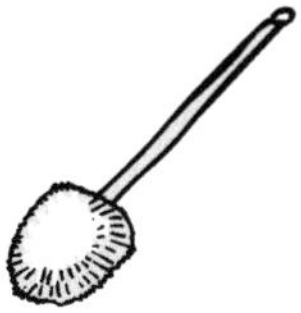

borosy fampiasa an-kabone

el cepillo para el inodoro

borosinify

el cepillo de dientes

famotsia-nify

el dentífrico

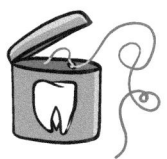

kofehy fanadiova-nify

el hilo dental

manasa

lavar

fisaika enti-tànana

la ducha de mano

fanadiovana fivaviana

la ducha higiénica

kovetabe

la palangana

borosin-damosina

el cepillo para la espalda

savony

el jabón

el fampiasa rehefa misaika

el gel de ducha

shampoo

el shampoo

fonon-tànana enti-misaika

la toallita

tsiranoka

el desagüe

crème fanosotra

la crema

fanalana fofona

el desodorante

fitaratra

el espejo

fitaratra fihaingo

el espejito

hareza

la maquinita de afeitar

raotra fiharatra

la espuma de afeitar

menaka haratra

el aftershave

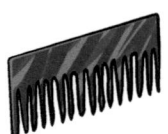

fiogo

el peine

borosy

el cepillo

fitaovana fanamainam-bolo

el secador de pelo

atsifotra amin'ny volo

el spray

fikarakarana tarehy

el maquillaje

lokomena

el lápiz de labios

haingo hoho

el esmalte para uñas

vohavohan-dandihazo

el algodón

fanapahana hoho

la tijera para uñas

ranomanitra

el perfume

fitoerana fitaovana an-
kabone

el portacosméticos

sezabory

la banqueta

fandanjana olona

la balanza

akanjo enti-matory

la bata

fonon-tànana enti-manadio

los guantes de goma

servieta fanary

el tampón

lamba fampiasa amin'ny
fadimbolana

la toallita femenina

kabone simika

el baño químico

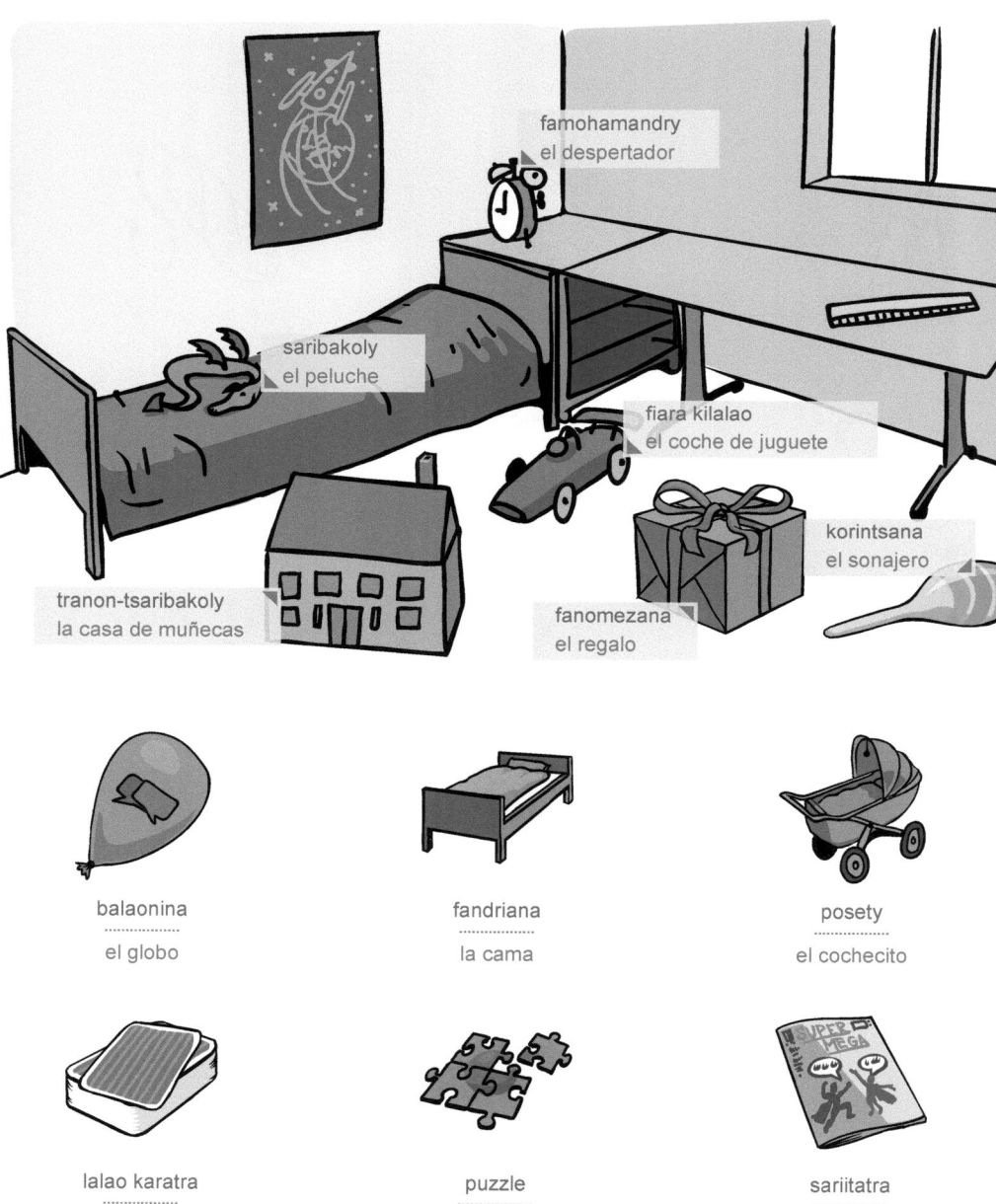

famohamandry
el despertador

saribakoly
el peluche

fiara kilalao
el coche de juguete

korintsana
el sonajero

tranon-tsaribakoly
la casa de muñecas

fanomezana
el regalo

balaonina
el globo

fandriana
la cama

posety
el cochecito

lalao karatra
las cartas

puzzle
el rompecabezas

sariitatra
la historieta

lalao legô

las piezas de lego

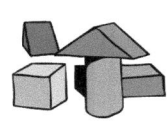

kilalao fananganana trano

los ladrillos de juguete

sarivongana kely

la figura de acción

grenera

el enterito (de bebé)

Frisbee

el frisbee

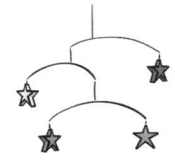

mobile

el móvil para bebés

jeu de société

el juego de mesa

kodiakely

los dados

lamasinina kely

el tren eléctrico

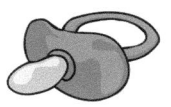

solonono

el chupete

fety

la fiesta

boky feno sary

el libro de cuentos ilustrado

baolina

la pelota

saribakoly

la muñeca

milalao

jugar

kovetam-pasika

el arenero

savily

la hamaca

kilalao

los juguetes

kilalao video

la consola de videojuegos

tricycle

el triciclo

teddy orsa

el osito de peluche

fitoeran'akanjo

el armario

akanjo
la ropa

bà kiraro

las medias

bàn-tongotra

las medias panty

akanjo manara-batana

las calzas

foloara
la bufanda

elo
el paraguas

fehin-kibo
el cinturón

t-shirt
la remera

baoty
las botas

kapa fitondra an-trano
las pantuflas

kiraro tenisy
las zapatillas

kapa
las sandalias

kiraro
los zapatos

baoty fingotra
las botas de goma

atinakanjo
la ropa interior

tatinono
el corpiño

akanjo feno
el chaleco

vatana

el body

pataloha

los pantalones

jean

los jeans

zipo

la pollera

akanjo ambony

la blusa

lobaka

la camisa

pull

el pulóver

akanjo sarotro

el buzo

palitao

el blazer

palitao

la campera

palitao

el tapado

akanjo aro-orana

el piloto

akanjo fianjaika

el traje

fitafim-behivavy

el vestido

akanjon'ny ampakarina

el vestido de novia

akanjo fianjaika

el traje

akanjo-mandry

el camisón

pijamà

el pijama

sari

el sari

sarondoha

el pañuelo para la cabeza

turban

el turbante

burqa

la burka

kaftan

el caftán

abaya

la abaya

akanjo fitondra milomano

el traje de baño

akanjo fitondra milomano

el short de baño

pataloha fohy

los shorts

akanjo fitena

el jogging

tablie

el delantal

fonon-tànana

los guantes

bokotra

el botón

solomaso

los anteojos

brasele

la pulsera

rojo

el collar

peratra

el anillo

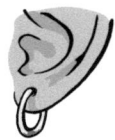

kavina

el aro

satroka

la gorra

fanantonana palitao

la percha

satroka

el sombrero

fehivozo

la corbata

hidikorisa

el cierre

aroloha

el casco

beritelo

los tiradores

fanamian'ny mpianatra

el uniforme escolar

fanamiana

el uniforme

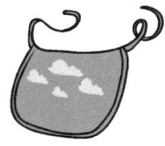

bavoara

el babero

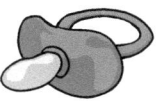

solonono

el chupete

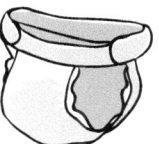

taty

el pañal

birao

la oficina

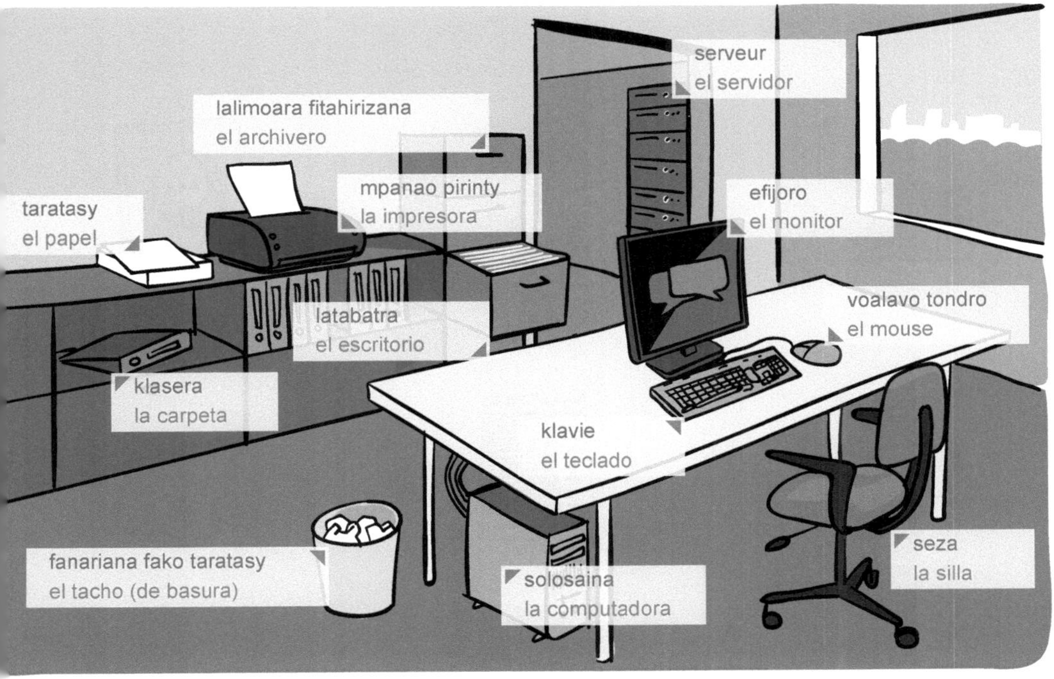

serveur
el servidor
lalimoara fitahirizana
el archivero
mpanao pirinty
la impresora
taratasy
el papel
efijoro
el monitor
voalavo tondro
el mouse
latabatra
el escritorio
klasera
la carpeta
klavie
el teclado
fanariana fako taratasy
el tacho (de basura)
solosaina
la computadora
seza
la silla

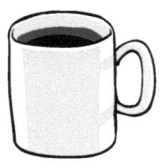

kaopin-kafe

la taza de café

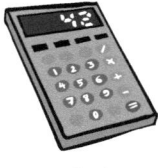

mpikajy

la calculadora

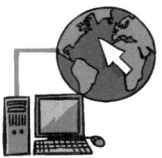

aterineto

el internet

solosaina maivana

la laptop

taratasy

la carta

hafatra

el mensaje

mobile

el celular

tambajotra

la red

imprimante

la fotocopiadora

rindrambaiko

el software

finday

el teléfono

prizy

el tomacorriente

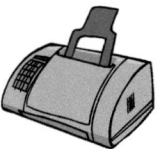

fax

el fax

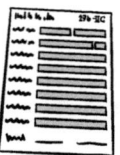

efitra fenoina

el formulario

fehezan-taratasy

el documento

mividy

comprar

mandoa vola

pagar

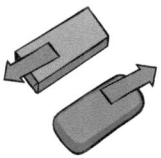

misera

hacer negocios

vola

el dinero

dôlara

el dólar

euro

el euro

yen

el yen

rouble

el rublo

Franc suisse

el franco suizo

renminbi yuan

el yuan

roupie

la rupia

fangalàna vola

el cajero automático

toerana fanakalozana vola

la casa de cambio

volamena

el oro

volafotsy

la plata

solika

el petróleo

angovo

la energía

vidiny

el precio

fifanekena

el contrato

hetra

el impuesto

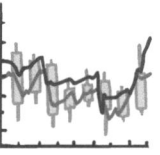

action borsa

la acción

miasa

trabajar

mpiasa

el empleado

mpampiasa

el empleador

orinasa

la fábrica

fivarotana

el negocio

asa

las ocupaciones

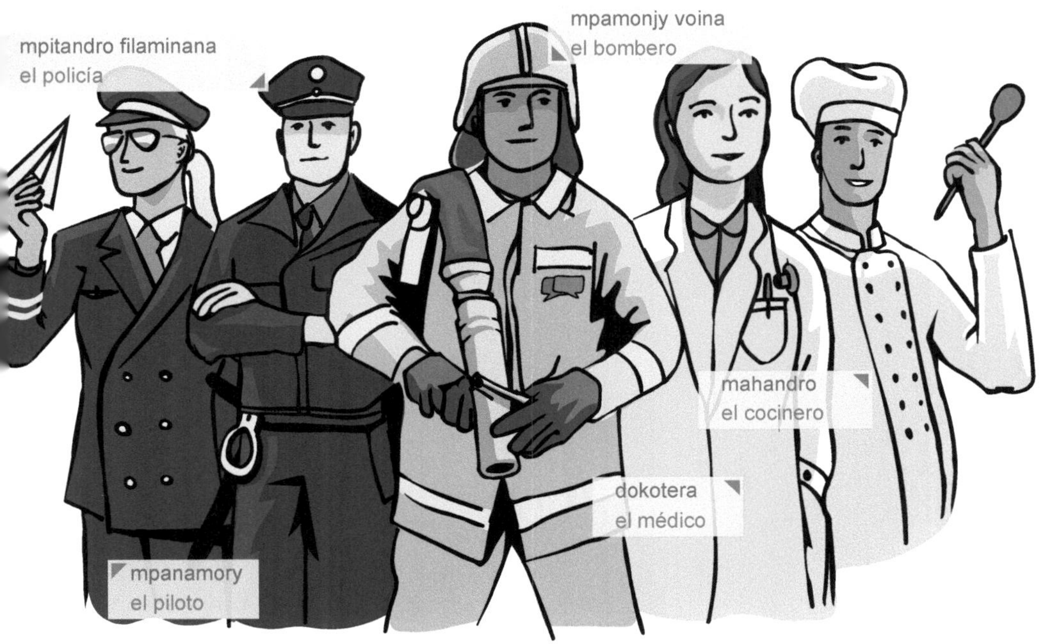
mpitandro filaminana
el policía
mpamonjy voina
el bombero
mahandro
el cocinero
dokotera
el médico
mpanamory
el piloto

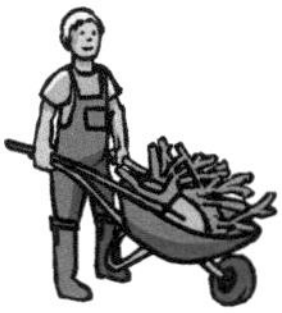

mpikarakara zaridaina

el jardinero

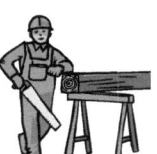

mpandrafitra

el carpintero

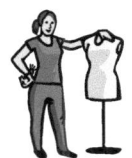

vehivavy mpanjaitra

la modista

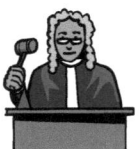

mpitsara

el juez

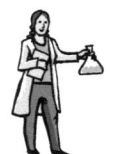

mpahay simia

el farmacéutico

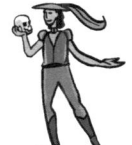

mpilalao sarimihetsika

el actor

mpamily fiara fitateram-
bahoaka

el colectivero

mpamily fiarakaretsaka

el taxista

mpanjono

el pescador

vehivavy mpanadio

la mucama

mpanao tafo

el techista

mpandroso sakafo

el mozo

mpihaza

el cazador

mpandoko

el pintor

mpanao mofo

el panadero

elektrisianina

el electricista

mpanao trano

el albañil

injeniera

el ingeniero

mivaro-kena

el carnicero

plombier

el plomero

faktera

el cartero

miaramila

el soldado

mpanao mari-trano

el arquitecto

mpandray vola

el cajero

mpivarotra voninkazo

el florista

mpanao volo

el peluquero

mpizara tapakila

el cobrador

mpahay mekanika

el mecánico

kapiteny

el capitán

mpitsabo nify

el dentista

siantifika

el científico

raby

el rabino

imam

el imán

moanina

el monje

pretra

el sacerdote

fitaovana
las herramientas

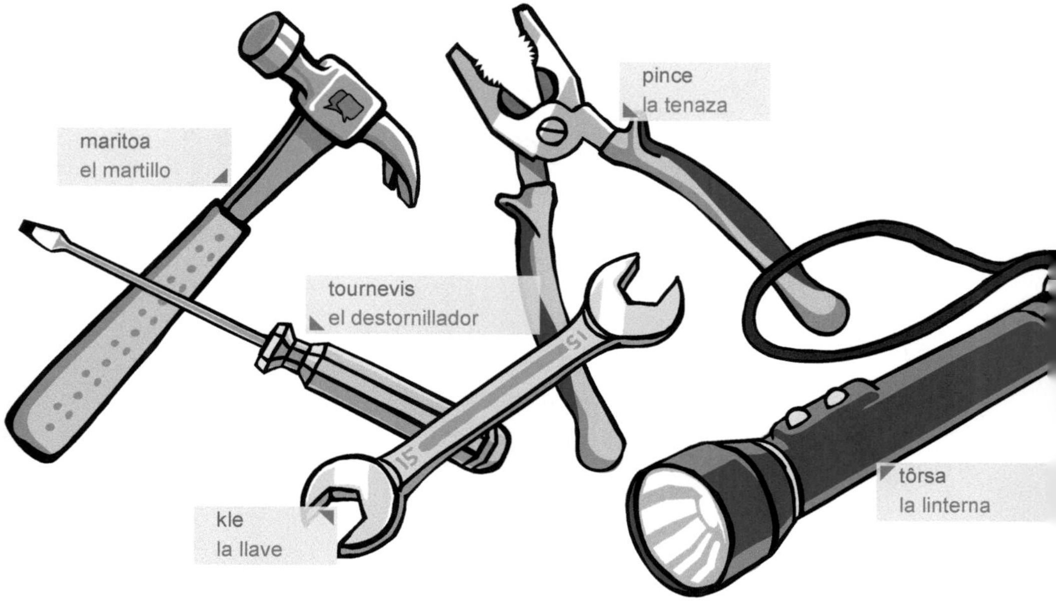
maritoa
el martillo
pince
la tenaza
tournevis
el destornillador
kle
la llave
tôrsa
la linterna

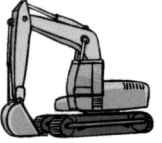

pelleteuse
la excavadora

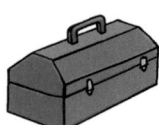

boaty fanisy fitaovana
la caja de herramientas

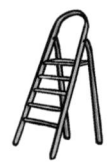

tohatra
la escalera portátil

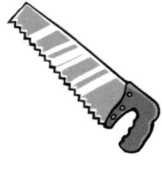

tsofa
la sierra

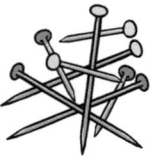

fantsika
los clavos

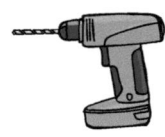

perceuse
el taladro

manarina

arreglar

lapela

la pala de jardín

Kyy!

¡Qué bronca!

angadim-pako

la pala de plástico

boatin-doko

el tacho de pintura

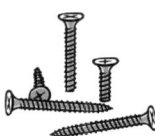

visy

los tornillos

zava-maneno
los instrumentos musicales

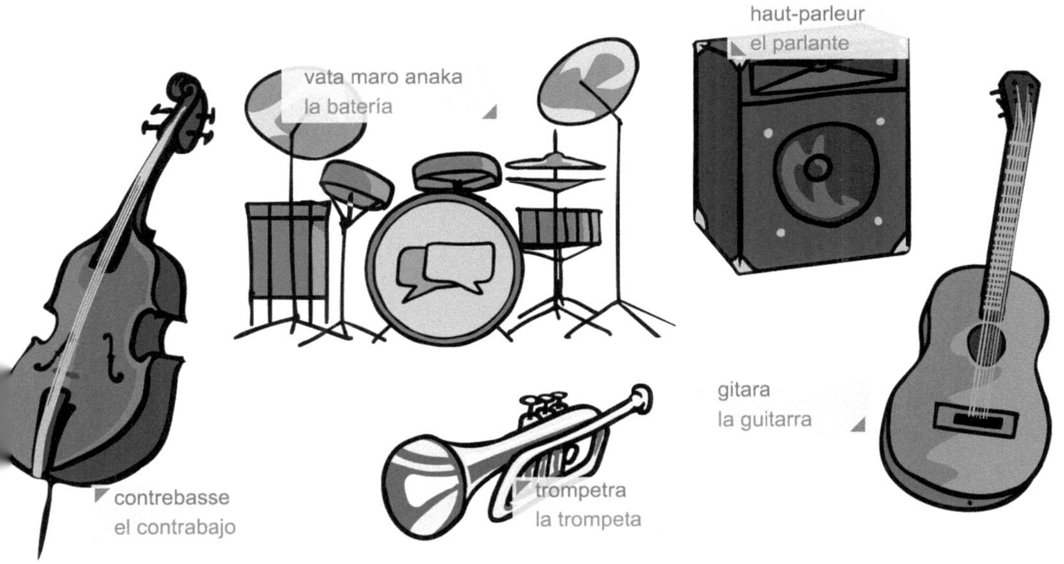

vata maro anaka
la batería

haut-parleur
el parlante

gitara
la guitarra

contrebasse
el contrabajo

trompetra
la trompeta

vata maro afitsoka

el piano

lokanga

el violín

basse

el bajo

amponga timpani

los timbales

aponga

el tambor

klavie

el teclado

saksa

el saxofón

sodina

la flauta

mikrao

el micrófono

valan-javaboary
el zoológico

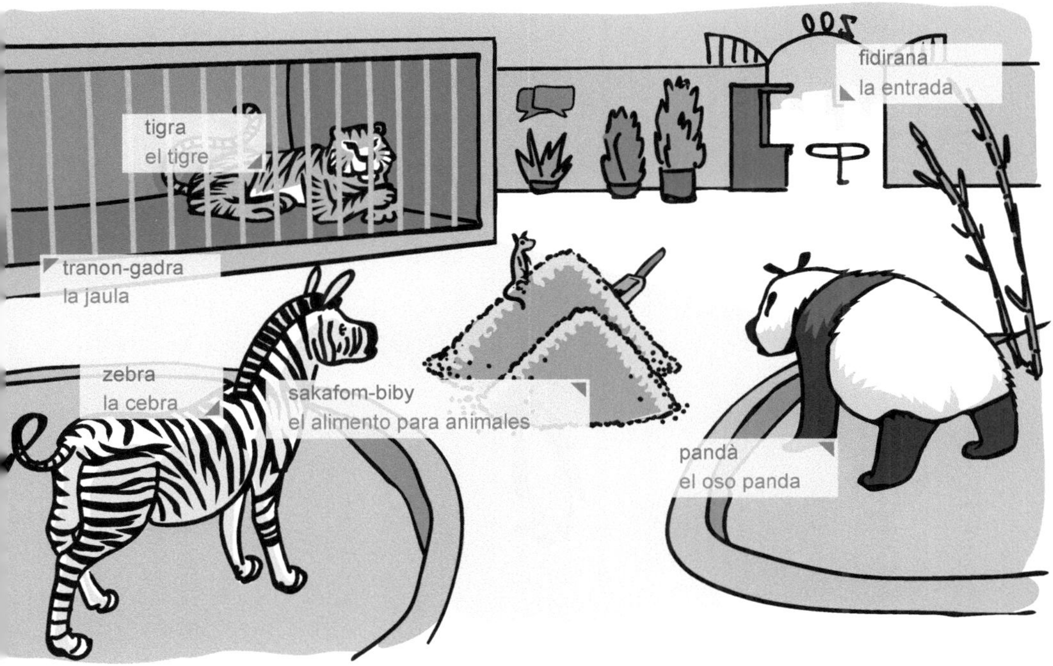

fidirana
la entrada
tigra
el tigre
tranon-gadra
la jaula
zebra
la cebra
sakafom-biby
el alimento para animales
pandà
el oso panda

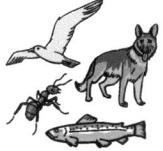

biby
los animales

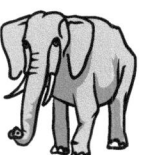

elefanta
el elefante

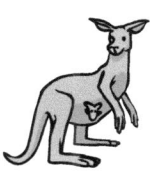

kangoroa
el canguro

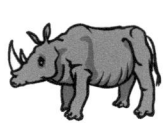

rinôserôsy
el rinoceronte

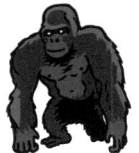

gôrila
el gorila

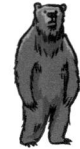

orsa
el oso

rameva
el camello

aotrisy
el avestruz

liona
el león

rajako
el mono

sama
el flamenco

boloky
el loro

orsa polera
el oso polar

pengoa
el pingüino

atsantsa
el tiburón

vorombola
el pavo real

bibilava
la serpiente

voay
el cocodrilo

mpiandry valan-javaboary
el cuidador del zoológico

fôko
la foca

jagoara
el jaguar

poney

el poni

leopara

el leopardo

hipôpôtamo

el hipopótamo

zirafa

la jirafa

voromahery

el águila

lambo

el jabalí

trondro

el pescado

sokatra

la tortuga

môrsa

la morsa

renard

el zorro

gazely

la gacela

Football amerikana
el fútbol americano

hazakazaka am-bisikileta
el ciclismo

tennis
el tenis

baskety
el básquet

lomano
la natación

boxe
el boxeo

hockey an-dranomandry
el hockey sobre hielo

baolina kitra
el fútbol

badminton
el bádminton

atletisma
el atletismo

handball
el handball

ski
el esquí

polo
el polo

mihomehy
reír

tsambikina
tar

mamihina
abrazar

mandeha
caminar

mihira
cantar

manonofy
soñar

mivavaka
rezar

manoroka
besar

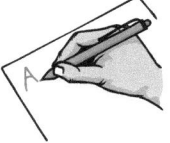

manoratra

escribir

manao sary

dibujar

maneho

mostrar

manosika

presionar

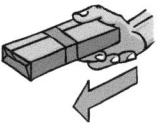

manome

dar

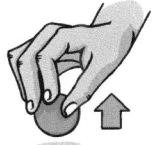

mandray

tomar

manana

tener

manao

hacer

mizovy

ser

mijoro

estar parado

mihazakazaka

correr

misintona

tirar

manary

tirar

lavo

caer

mandry

estar acostado

miandry

esperar

mitondra

llevar

mipetraka

estar sentado

miakanjo

vestirse

matory

dormir

mifoha

despertar

mijery

mirar

mitomany

llorar

fahatapahan'ny lalan-dra

acariciar

fiogo

peinar

' miresaka

hablar

mahay

entender

milaza

preguntar

mihaino

escuchar

misotro

beber

mihinana

comer

mandamina

ordenar

mitia

amar

mahandro

cocinar

mamily

manejar

lalitra

volar

miandriaka

navegar

mikajy

calcular

mamaky

leer

mianatra

aprender

miasa

trabajar

mivady

casarse

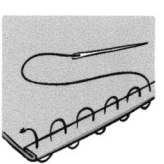

manjaitra

coser

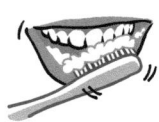

miborosy nify

cepillarse los dientes

mamono

matar

mifoka

fumar

mandefa

enviar

fianakaviana
la familia

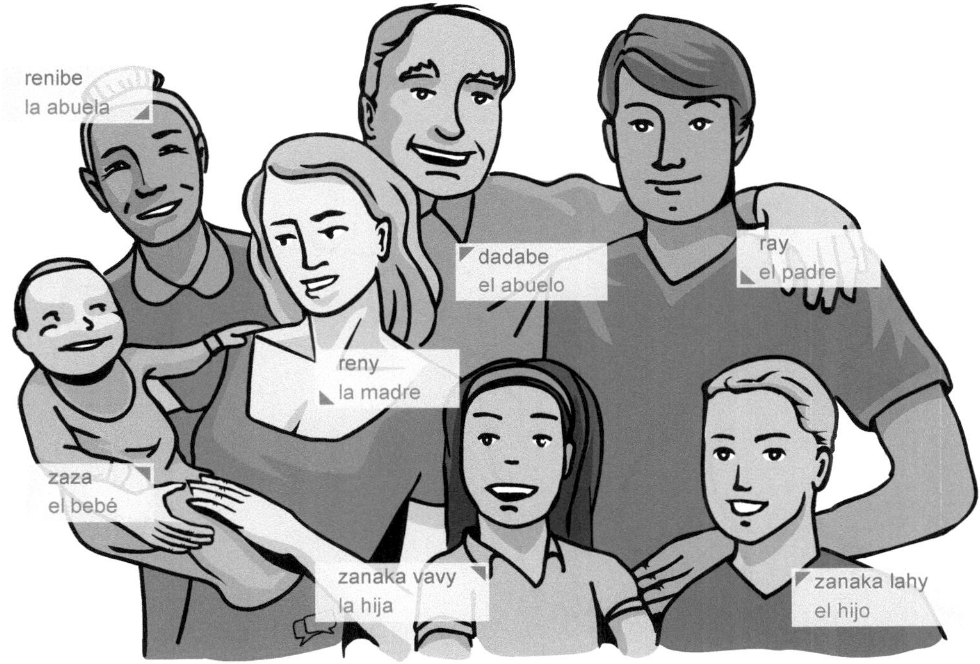

renibe
la abuela
dadabe
el abuelo
ray
el padre
reny
la madre
zaza
el bebé
zanaka vavy
la hija
zanaka lahy
el hijo

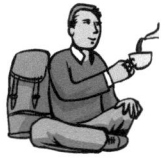

vahiny
el invitado

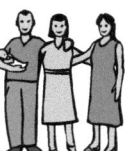

nenitoa
la tía

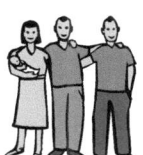

dadatoa
el tío

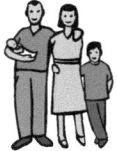

rahalahy
el hermano

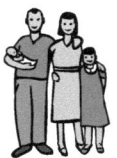

rahavavy
la hermana

vatana

el cuerpo

handrina
la frente
maso
el ojo
soroka
el hombro
rantsan-tànana
el dedo
tarehy
la cara
saoka
la pera
tànana
la mano
ranjo
la pierna
nono
el pecho
sandry
el brazo

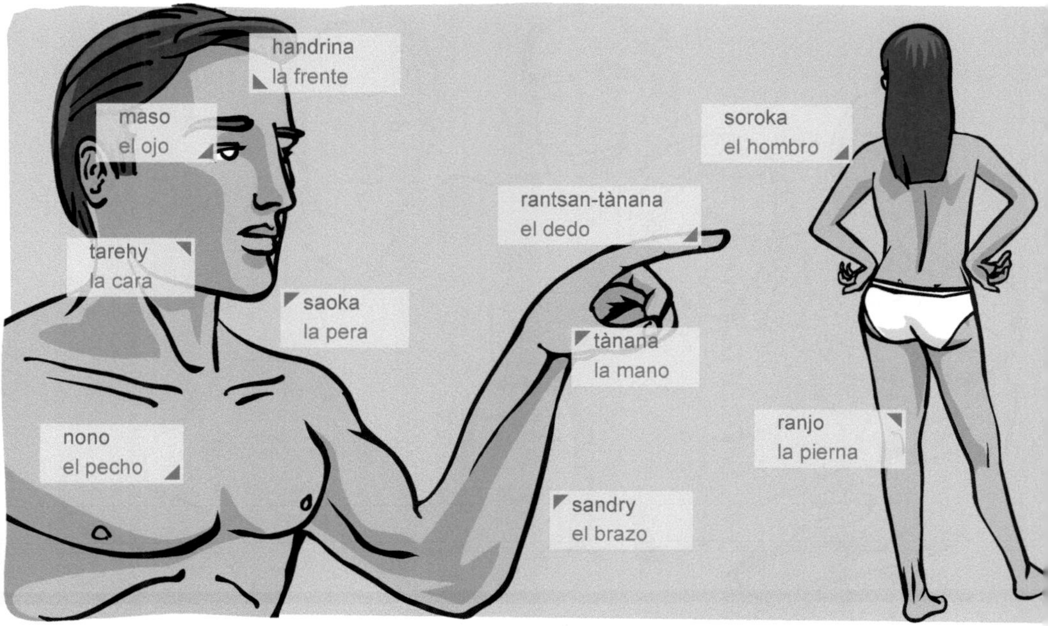

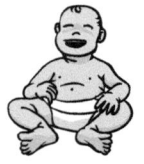

zaza

el bebé

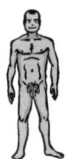

lehilahy

el hombre

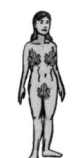

vehivavy

la mujer

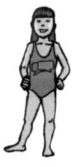

vavy

la nena

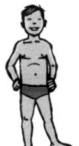

lahy

el nene

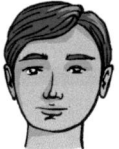

loha

la cabeza

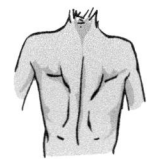

lamosina

la espalda

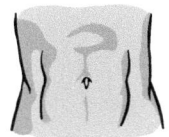

kibo

la panza

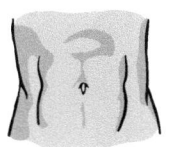

foitra

el ombligo

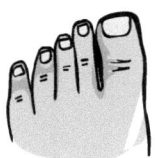

rantsan-tongotra

el dedo del pie

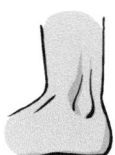

voditongotra

el talón

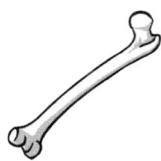

taolana

el hueso

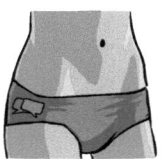

valahana

la cadera

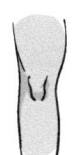

lohalika

la rodilla

kiho

el codo

orona

la nariz

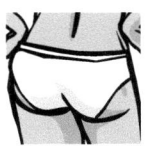

vody

la cola

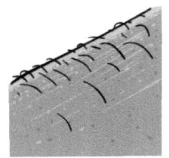

hoditra

la piel

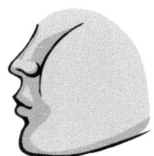

takolaka

el cachete

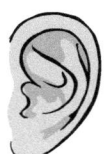

sofina

la oreja

molotra

el labio

vava

la boca

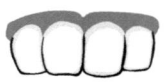

nify

el diente

lela

la lengua

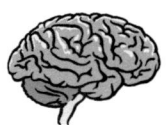

saina

el cerebro

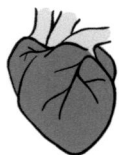

fo

el corazón

ozatra

el músculo

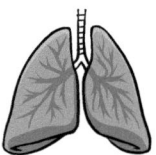

havokavoka

el pulmón

aty

el hígado

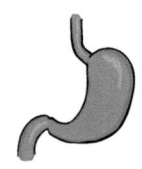

vavony

el estómago

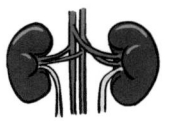

voa

los riñones

firaisana ara-nofo

el sexo

fimailo

el preservativo

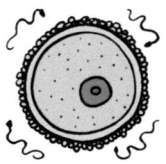

tsirivavy

el óvulo

ranonaina

el semen

vohoka

el embarazo

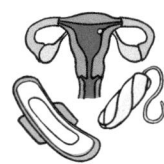

fadimbolana

la menstruación

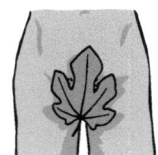

fivaviana

la vagina

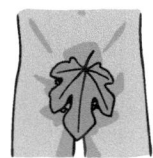

filahiana

el pene

volomaso

la ceja

volo

el pelo

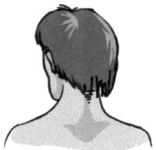

tenda

el cuello

hopitaly
el hospital

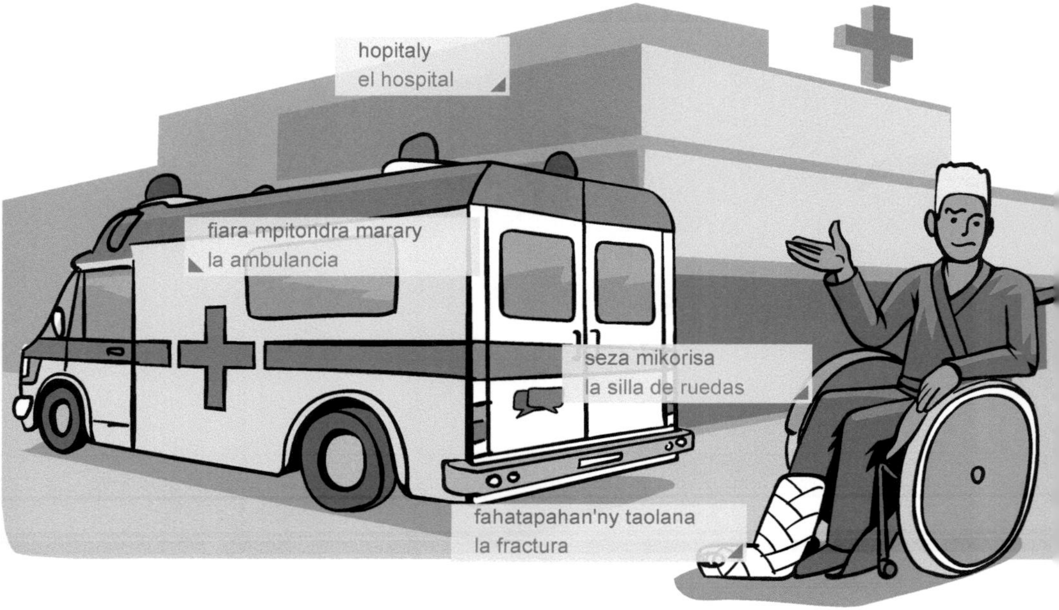

hopitaly
el hospital
fiara mpitondra marary
la ambulancia
seza mikorisa
la silla de ruedas
fahatapahan'ny taolana
la fractura

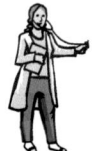

dokotera

el médico

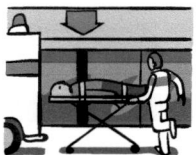

efitra vonjy taitra

la sala de guardia

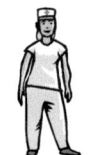

mpitsabo mpanampy

la enfermera

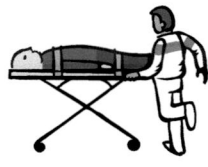

vonjy taitra

la emergencia

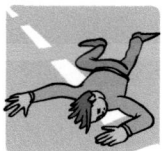

tsy mahatsiaro tena

inconsciente

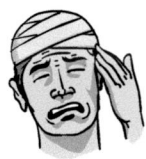

fanaintainana

el dolor

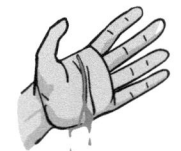

faharatràna

la lesión

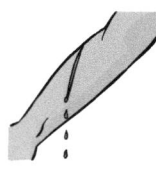

mandeha rà

la hemorragia

aretim-po

el infarto

fahatapahan'ny lalan-dra

el ACV

tsy fahazakana sakafo

la alergia

kohaka

la tos

tazo

la fiebre

gripa

la gripe

fivalanana

la diarrea

aretin'an-doha

el dolor de cabeza

homamiadana

el cáncer

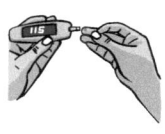

diabeta

la diabetes

dokotera mpandidy

el cirujano

antsy fandidiana

el bisturí

fandidiana

la operación

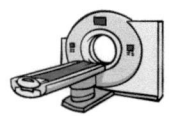

TC
....
la TC

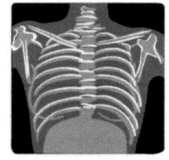

taratra X
....
los rayos x

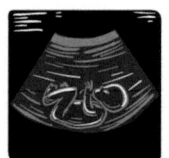

ekôgrafia
....
la ecografía

saron-tava
....
el barbijo

aretina
....
la enfermedad

efitrano fiandrasana
....
la sala de espera

tehina
....
la muleta

taha fery
....
la curita

bandy
....
la venda

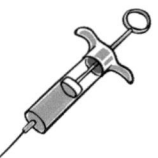

tsindrona
....
la inyección

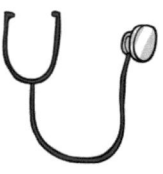

stetoskopy
....
el estetoscopio

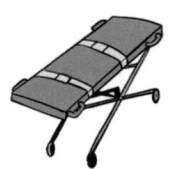

filanjana marary
....
la camilla

fitaovana fitsapana
hafanana
....
el termómetro

fahaterahana
....
el nacimiento

hatavezana tafahoatra
....
el sobrepeso

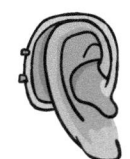

fitaovana fandrenesana

el audífono

famonoana mikraoba

el desinfectante

fifindràna aretina

la infección

viriosy

el virus

VIH / SIDA

el VIH / SIDA

fitsaboana

el remedio

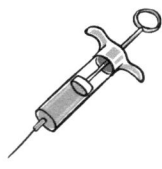

vaksiny

la vacunación

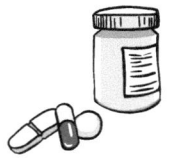

pilina

los comprimidos

pilina

la pastilla anticonceptiva

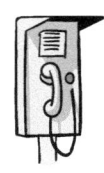

antso vonjy taitra

la llamada de emergencia

fitaovana fitsapana tosi-drà

el tensiómetro

marary / salama

enfermo / sano

Vonjeo!

¡Ayuda!

antso fanairana

la alarma

herisetra

la agresión

vono

el ataque

loza

el peligro

fivoahana raha misy loza

la salida de emergencia

Afo!

¡Fuego!

fitaovam-pamonoana afo

el matafuego

loza

el accidente

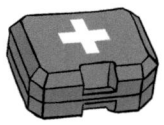

fitaovam-pitsaboana
vonjimaika

el botiquín de primeros
auxilios

SOS

el SOS

pôlisy

la policía

Eoropa

Europa

Amerika avaratra

América del Norte

Amerika atsimo

América del Sur

Afrika

África

Azia

Asia

Aostralia

Australia

Atlantika

el Atlántico

Pasifika

el Pacífico

Ranomasimbe Indiana

el Océano Índico

Oseana Antarktika

el Océano Antártico

Oseana Arktika

el Océano Ártico

Tendrotany avaratra

el polo norte

Tendrotany atsimo

el polo sur

Antarktika

la Antártida

tany

la Tierra

tany

la tierra

ranomasina

el mar

nosy

la isla

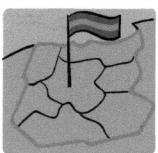

tanindrazana

la nación

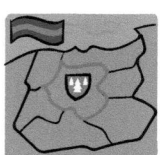

firenena

el estado

tavam-pamantaranandro

la esfera

tondro ora

la manecilla de las horas

tondro minitra

el minutero

tondro segondra

el segundero

Amin'ny firy izao?

¿Qué hora es?

andro

el día

fotoana

la hora

izao

ahora

famantaranandro niomerika

el reloj digital

minitra

el minuto

ora

la hora

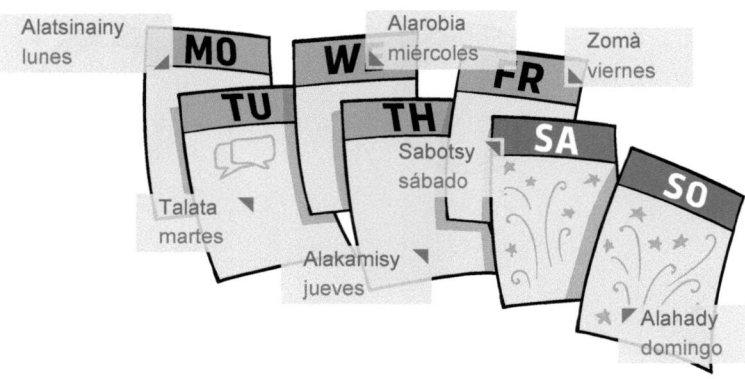

Alatsinainy / lunes

Alarobia / miércoles

Zomà / viernes

Talata / martes

Sabotsy / sábado

Alakamisy / jueves

Alahady / domingo

omaly

ayer

androany

hoy

ampitso

mañana

maraina

la mañana

atoandro

el mediodía

hariva

la tarde

adro fiasàna

los días hábiles

faran'ny herinandro

el fin de semana

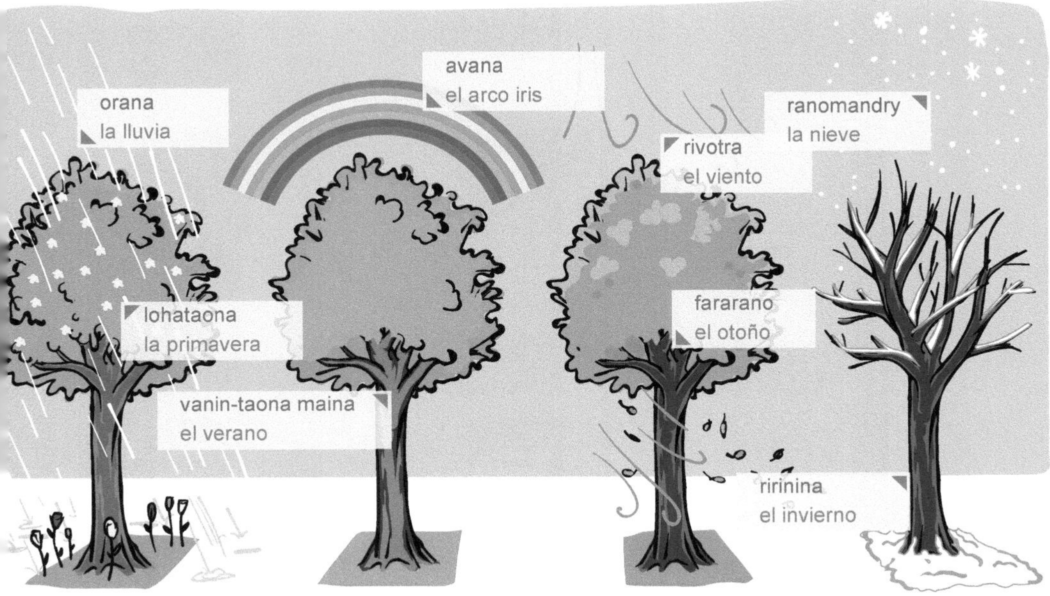

orana
la lluvia

avana
el arco iris

rivotra
el viento

ranomandry
la nieve

lohataona
la primavera

fararano
el otoño

vanin-taona maina
el verano

ririnina
el invierno

vinavina ara-toetrandro
....
pronóstico meteorológico

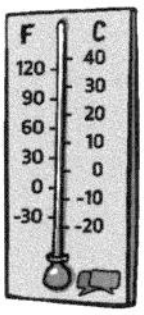

thermomètre
....
el termómetro

tara-masoandro
....
la luz del sol

rahona
....
la nube

zavona
....
la niebla

hamandoana
....
la humedad

tselatra

el rayo

kotroka

el trueno

tafio-drivotra

la tormenta

havandra

el granizo

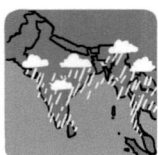

fahavaratra

el monzón

tondra-drano

la inundación

vaingan-drano

el hielo

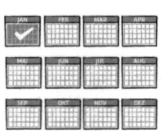

Janoary

enero

Febroary

febrero

Martsa

marzo

Avrila

abril

Mey

mayo

Jiona

junio

Jolay

julio

Aogositra

agosto

Septambra
....
septiembre

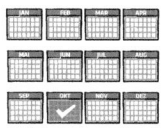

Oktobra
....
octubre

Novambra
....
noviembre

Desambra
....
diciembre

boribory
....
el círculo

efamira
....
el cuadrado

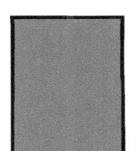

efajoro
....
el rectángulo

telozoro
....
el triángulo

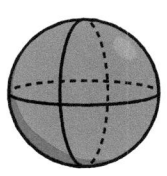

bola
....
la esfera

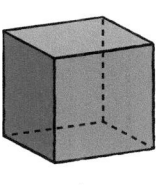

goba
....
el cubo

fotsy

blanco

mavo

amarillo

laoranjy

naranja

mavokely

rosa

mena

rojo

voloparasy

violeta

manga

azul

maitso

verde

volotany

marrón

volondavenona

gris

mainty

negro

betsaka / vitsy

mucho / poco

tezitra / tony

enojado / tranquilo

tsara / ratsy

lindo / feo

fiandohana / fiafarana

el principio / el fin

lehibe / kely

grande / chico

mazava / maloka

claro / oscuro

rahalahy / rahavavy

el hermano / la hermana

madio / maloto

limpio / sucio

feno / banga

completo / incompleto

andro / alina

el día / la noche

maty / velona

muerto / vivo

malalaka / tery

ancho / angosto

azo hanina / tsy fihinana

comestible / no comestible

tsivalahara / tsara fanahy

malo / amable

endratra / sorena

entusiasmado / aburrido

matavy / mahia

gordo / flaco

voalohany / farany

primero / último

mpinamana / mpifahavalo

el amigo / el enemigo

feno / foana

lleno / vacío

mafy / malefaka

duro / blando

mavesatra / maivana

pesado / liviano

noana / mangetaheta

el hambre / la sed

marary / salama

enfermo / sano

tsy ara-dalàna / ara-dalàna

ilegal / legal

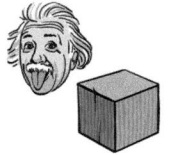

mahay / vendrana

inteligente / estúpido

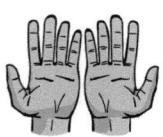

havia / havanana

izquierda / derecha

akaiky / lavitra

cerca / lejos

vaovao / tranainy

nuevo / usado

tsy misy / misy

nada / algo

antitra / tanora

viejo / joven

mandeha / maty

encendido / apagado

mivoha / mihidy

abierto / cerrado

mangina / mitabataba

silencioso / ruidoso

manankarena / mahantra

rico / pobre

marina / diso

correcto / incorrecto

marokoroko / malama

áspero / suave

malahelo / faly

triste / contento

fohy / lava

corto / largo

mora / faingana

lento / rápido

mando / maina

mojado / seco

mafana / mangatsiaka

caliente / frío

ady / fahalemana

guerra / paz

0

aotra

cero

1

iray

uno

2

roa

dos

3

telo

tres

4

efatra

cuatro

5

dimy

cinco

6

enina

seis

7

fito

siete

8

valo

ocho

9

sivy

nueve

10

folo

diez

11

iraikambinifolo

once

12

roambinifolo

doce

13

teloambinifolo

trece

14

efatrambinifolo

catorce

15

dimiambinifolo

quince

16

eninambinifolo

dieciséis

17

fitoambinifolo

diecisiete

18

valoambinifolo

dieciocho

19

siviambinifolo

diecinueve

20

roapolo

veinte

100

zato

cien

1.000

arivo

mil

1.000.000

tapitrisa

el millón

Anglisy

el inglés

Anglisy amerikana

el inglés americano

Fiteny sinoa mandarina

el chino mandarín

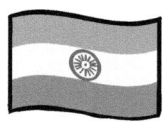

Hindi

el hindi

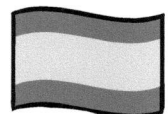

Espaniola

el español

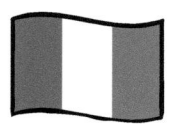

Frantsay

el francés

Fiteny arabo

el árabe

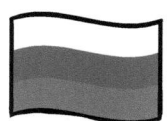

Fiteny rosiana

el ruso

Portogey

el portugués

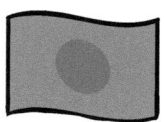

Bengaly

el bengalí

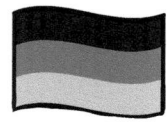

Alemà

el alemán

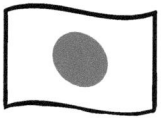

Japoney

el japonés

izaho

yo

ianao

vos

izy / io

él / ella

isika

nosotros

ianao

ustedes

zareo

ellos

iza?

¿quién?

inona?

¿qué?

ahoana?

¿cómo?

aiza?

¿dónde?

oviana?

¿cuándo?

anarana

el nombre

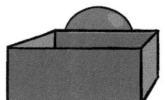

aorina

detrás

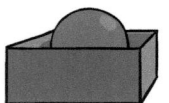

anaty

en

anoloana

adelante de

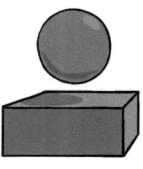

any

por encima de

ambony

sobre

ambany

debajo de

ankila

al lado de

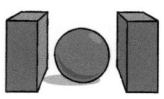

afovoany

entre

toerana

el lugar